Edition : BoD - Books on Demand
12/14 rond-point des Champs Elysées
75008 Paris
Imprimé par BoD – Books on Demand, Norderstedt, Allemagne
ISBN : 9782322034673
Dépôt légal : Novembre 2013

CAHIER DE CHANSONS
Appartenant à Jean BUTEAU
3ème Cuirassier à Versailles

Du même auteur :

- ✓ De Philippeville à Verdun : *Journal de route de Léon TOURNISSA. 02 Août 1914 – 25 Juin 1916.* (2006). **www.bod.fr**

JEROME TAVERA

CAHIER DE CHANSON DE JEAN BUTEAU 3ème CUIRASSIER A VERSAILLES

« Le code de la propriété intellectuelle interdit les copies ou reproductions destinées à une utilisation collective toute représentation ou reproduction intégrale ou partielle faite par quelque procédé que ce soit, sans le consentement de l'auteur ou de ses ayants cause, est illicite et constitue une contrefaçon, aux termes des articles L335-2 et suivant du code de la propriété intellectuelle. »

« Ecrire c'est se souvenir, mais lire, c'est aussi Se souvenir ».

François Mauriac

TABLE

Préface	*page 11*
Présentation des chansons	*page 13*
Les noces de madeleine	*page 17*
C'est un oiseau qui vient de France	*page 19*
Petit pinson	*page 22*
Beaux rêves d'or	*page 24*
Voici l'amour qui passe	*page27*
Le retour au village ou la croix de la légion d'honneur	*page 29*
Viens dans ma nacelle	*page 31*
La tombe des quatre sergents	*page 33*
Les cuirassiers de Reischauffein	*page 36*
Un voleur	*page 38*
Je veux un grand polichinelle	*page40*
Petit oiseau	*page43*
Les soupirs du rossignol	*page46*
L'enfant de paris	*page 48*
L'hirondelle est partie	*page 52*
Dans un baiser	*page 54*
Les trois fauvettes	*page 56*
Bellefort	*page 59*
Le forgeron de la paix	*page 60*
Faut qu'il revienne	*page 62*
En revenant de la revue	*page 66*
L'on devrait supprimer ça	*page 70*
Le beau sergent	*page 73*
Les voyelles A.E.I.O.U	*page 76*

Le voleur	*page 78*
Crois en l'oiseau qui vient de France	*page 80*
La jolie messagère	*page 82*
La complainte du soldat	*page 86*
Les commandements du soldat	*page 89*
Ne touchez pas au drapeau de la France	*page 92*
Annexe : historique du 3ème régiment de cuirassiers	*page 93*

PREFACE

La première fois que j'ai lu ce cahier de chanson, il y a de cela plusieurs années, je m'étais dis qu'il serait bien de photocopier toutes ces pages (la numérisation n'existait pas encore). Aujourd'hui c'est chose faite, les 30 chansons sont reproduites et ainsi préservées. L'ouvrage peut être feuilleté sans risque d'abîmer son contenu.

L'original est très dégradé. Certaines pages sont craquantes au touché.

Une fois le cahier numérisé je me penchais sur une question qui me tracassais. Qui était Jean BUTEAU ? les informations que j'ai recueilli m'ont appris que c'était l'oncle maternel de ma grand-mère Francine CORNIER (épouse LETOURNEUR), il fit cinq ans de service militaire après tirage au sort (comme la loi l'imposait à l'époque). A part son service militaire je n'ai pas eu d'autres informations. Il n'y a aucune trace de Jean BUTEAU, ni de date de naissance, ni de mariage, ni de décès, mais par déduction on devrait se rapprocher de la date de naissance.

Tout d'abord ses parents.

Son père : Jean BUTEAU

Sa mère : Pierrette PERRAUDIN

Je tiens à signaler un épisode cocasse, qui m'a été rapporté, sur la vie de Jean BUTEAU.

Jean BUTEAU avait dans sa jeunesse courtisé Pierrette qui l'avait refusé. Jean trouva alors un autre parti (Louise LANDRY) avec qui il eu un fils nommé Emiland. Devenu veuf très jeune il a de nouveau courtisé Pierrette qui cette fois-ci en a bien voulu malgré sa fraîche paternité.

Par la suite Emiland a renoncé à tous ses droits sur la succession selon un acte du 05 décembre 1896. Voilà pour la petite histoire.

Jean et Pierrette se sont mariés à Villapourçon dans la Nièvre (58) le 21 Novembre 1862.

Ses frères et sœurs.

Pierrette BUTEAU (1869-1943) (Mon arrière grand-mère).

Emile BUTEAU (1871-1949)

Pour que Jean BUTEAU, le frère de Pierrette et Emile, fasse son service militaire il devait être âgé d'au moins 21 ans. Ses parents s'étant mariés en 1862 il ne pouvait être né qu'après cette date.

Il ne tombe pas sous la loi NIEL du 01 février 1868 : « service d'une durée de 5 ans pour la moitié du contingent par tirage au sort et de 6 mois pour l'autre moitié. Le remplacement est autorisé ».

S'il avait fait son service sous cette loi il serait né entre 1848 et 1850 soit entre 12 et 14 ans avant le mariage de ses parents ce qui est invraisemblable à cette époque.

Il tombe plutôt sous la loi TIERS du 27 juillet 1872 : présentant le service comme une nécessité sociale contribuant à l'unité nationale. Cette loi crée une obligation militaire, le tirage au sort est maintenu mais le remplacement est supprimé.

Jean BUTEAU naquit entre 1863 et 1867

S'il était né plus tard il aurait fait ses 5 ans de services militaire après 1889. Or le 15 juillet 1889 une nouvelle loi entre en vigueur, la loi FREYCINET , réduisant le service militaire à 3 ans.

PRESENTATION DES CHANSONS

La chanson "patriotique" et "revancharde"

Entre 1870 et 1905, la France avait été profondément marquée par la défaite de 1870 ainsi que par la perte de l'Alsace et de la Lorraine. Les chants patriotiques ont fleuri. Ils étaient indissociables des débuts des grands mouvements politiques de l'époque, qui furent très marqués par le Boulangisme et par l'affaire Dreyfus. Pour beaucoup, ils trouvent leur origine principale dans les mouvements dit revanchards, bien que certains proviennent d'anciens communards (Montébus, Soubise,...).

Afin d'éviter toute discussion politique, il convient de bien préciser ici la différence, parfois subtile, de ce que sont la chanson « revancharde » et la chanson « patriotique ».

- *La chanson revancharde* est celle qui, de 1870 à 1914 a soigneusement, et avec un but de propagande, exacerbé le sentiment d'injustice qu'avait laissé la défaite de la guerre de 1870, et a œuvré dans une entreprise de propagande pour soigneusement entretenir le sentiment de revanche contre l'Allemagne.

- *La chanson patriotique* chante l'amour et la grandeur de la France sans appeler nécessairement à l'extermination de « nos frères germains ».

Parmi les 31 chansons de ce cahier, à mon avis, quelques unes méritent l'attention. Ce sont d'une part, les plus populaires de l'époque, (celles qui furent écrites par les plus grands paroliers du 19ème siècle) d'autres part celles, dont le texte m'a plu, tout simplement.

Tout d'abord, dans ce cahier, les chansons, bien qu'écrites par un ancien militaire, ne sont pas toutes dédiées à la guerre, à la propagande et à la revanche. Un bon nombre sont des romances et des chansons d'amour comme « *Beaux rêves d'or* », « *Voilà l'amour qui passe* » ou encore « *Viens dans ma nacelle* ».

La romance était un style très à la mode dans la deuxième moitié du 19ème siècle. « *Je veux un grand polichinelle* » de Gaston Maquis fut écrite à l'origine pour la chanteuse Amiati (1851-1889) .Un grand succès qui fut chanté jusqu'au milieu du 20ème siècle.

Après la romance viens la chanson patriotique sur le retour du héros dans son village avec « *Le retour au village ou la croix de la légion d'honneur* » ou encore « *C'est un oiseau qui vient de France* », célèbre chanson patriotique de 1885 universellement connu en France, et interprété par de nombreux chanteurs. Elle fut écrite car Camille Soubise. Cette chanson est toute une symbolique sur les français qui reviendront et sont attendus.

Autre chanson intéressante « *Faut qu'il revienne* » est une chanson sur le Boulangisme. Cela montre l'ampleur du mouvement qui toucha l'armée jusque dans les casernes. Le général Georges Boulanger (1837-1891) cristallisa les oppositions au régime parlementaire, mais recula devant la prise du pouvoir en 1889, et se suicida, ce qui mit fin au « Boulangisme ».

Parfois les compositeurs utilisent la gloire napoléonienne pour rappeler que la France a été une grande nation victorieuse. Si une chanson est propre au 3ème régiment de cuirassiers,[1] c'est bien celle-ci :

« *Les Cuirassiers de Reichoffen* »; Elle raconte l'histoire de cuirassiers qui ont réussis à percer les lignes ennemis, mais celles-ci ce sont refermées après leur passage. On ne les a bien sur, jamais revus... La chanson dit:

> "On leur a dit : il faut sauver la France,
> C'est de vous seul que dépend l'avenir!
> De Waterloo gardez la souvenance,
> Ainsi qu'alors, il faut vaincre ou mourir"

Il est intéressant de constater que ces chansons s'adressent à toutes les couches de la population.

Lucien Delormel chansonnier est auteur de cinq à six milles chansons, d'une cinquantaine de pièces en un acte, d'autant de revue et d'une dizaine d'opérette. Avec Gaston Villermer le compositeur (également parolier), et avec Léon Garnier, ils ont écrit une grande partie des succès du 19ème siècle.

« *Les trois fauvettes* » : Lucien Delormel / Gaston Villermer

« *Le forgeron de la paix* » : Lucien Delormel/ Gaston Villermer

---

[1] Annexe : Historique du 3ème régiment de cuirassiers.

Cette chanson est une chanson pacifiste, ce qui est une rareté à l'époque (1880-1890) pour des auteurs qui ont fait leur fond de commerce sur le thème patriotique et revanchard.

« En revenant de la revue » : Lucien Delormel / Léon Garnier

Grand succès des années (1880) chanté par Paulus qui fut pour la période (1840-1900) la plus grande vedette de café concert à Paris, Moscou, New-York ou Londres.

« Les noces de madeleine » : Lucien Delormel / Gaston Villermer

Chanson sur le patriotisme pendant la guerre de 1870. Le héros français face au prussien envahisseur.

Pendant la guerre, tout le pays était légitimement engagé contre l'Allemagne, et chacun proposait ses services pour soutenir les soldats au front ou pour alerter les populations des dangers de l'espionnage. On voyait à mal partout, et les chansons proclamaient bien fort l'amour de la France, la peur de l'Allemagne, et redoublaient d'audace pour entretenir soigneusement la haine entre les deux peuples engagés dans cette lutte .

« Bellefort » (Belfort) est une chanson sur l'héroïsme, le courage et le patriotisme. Un petit rappel est nécessaire. Le siège de Belfort de novembre 1870 à février 1871 par les prussiens. Grâce à la résistance héroïque de la population et de la garnison, sous la direction du colonel Pierre Denfert-Rochereau, ce siège qui dura 103 jours valut à Belfort de rester Française après l'annexion du Haut-Rhin dont l'arrondissement de Belfort faisait partie.

« La tombe des quatre sergents ou la vieille aux fleurs »

Sous la restauration quatre sergents en garnison à la Rochelle (les sergents Bories, Goubin, Pommier et Raoulx) conspirèrent contre le pouvoir. Ils furent arrêtés en 1823, jugés et guillotinés. La chanson est tirée du fait divers réel selon lequel une des fiancée des sergents, ayant reçu un bouquet de fleurs de son amoureux le jour de son exécution, le garda sur elle, accroché à son fichu., pendant 40 ans (jusqu'à sa mort). Et sa promenade quotidienne était d'aller de chez elle, rue du cherche-midi, jusqu'au cimetière du Montparnasse sur la tombe de son fiancé le sergent Marius Raoulx.

Jérôme TAVERA

Les noces de Madeleine

Dans un moulin de la blonde Lorraine,
Au bord d'un bois, vers la fin de l'été,
Le meunier Jean mariait Madeleine
Avec Marcel son heureux fiancé.
Tous deux s'aimaient déjà depuis l'enfance;
Un doux sourire illuminait leurs yeux.
Et le moulin, en ce jour d'espérance,
Retentissait de leurs ris joyeux.
   Refrain.
Le soleil caressait la plaine,
Les fauvettes dans les buissons,
Les rossignols et les pinsons
Disaient leurs plus douces chansons.
Pour les noces de Madeleine.
   2ème Couplet.
Mais tout à coup un bruit de fusillade
Vient d'éclater: un bataillon français

Et près de toi surgit une embuscade.
La poudre gronde au fond du bois épais ;
Par la fenêtre une balle ennemie,
Entre en sifflant et va frapper soudain
Le vieux meunier qui, la face pâlie,
Chancelle et tombe au milieu d'un refrain.
   Refrain. Le soleil etc.
    3ème Couplet.

Se saisissant d'un vieux fusil de chasse,
Marcel alors, pour venger le meunier,
Tire sans trêve et couche sur la place
Chaque ennemi que son œil peut viser.
Mais les Français ont cédé sous le nombre,
Par les vainqueurs le moulin est cerné,
Marcel est pris et leur chef d'un air sombre
Lui dit : « C'en bien, tu seras fusillé ! »
    4ème Couplet.

Quand vint le soir, devant le capitaine
Marcel parut ; le chef lui dit tout bas :
« Tu dois connaître et les bois et la plaine ;

« Sers-nous de guide ; à ce prix tu vivras ! »
Mais relevant son front plein de vaillance,
Il répondit : « Mon sort m'importe peu ;
« Plutôt la mort que de trahir la France :
« Feu donc soldats ! Ô Madeleine, adieu ! »

Refrain.

Un éclair sillonna la plaine :
Marcel, debout, tomba sans peur
Et le sang rosé de son cœur.
S'en alla rougir une fleur.
Du bouquet blanc de Madeleine.

C'est un oiseau qui vient de France.

1ᵉʳ Couplet.

Un matin du printemps dernier
Dans une bourgade lointaine
Un petit oiseau printanier
Vint montrer son aile d'ébène
Un enfant aux jolis yeux bleus.

Aperçut la brune hirondelle
Et connaissant l'oiseau fidèle
Le salua d'un air joyeux
   Refrain.
Les cœurs palpitaient d'espérance
Et l'enfant disait au soldat.
Sentinelle ne tirez pas (bis)
C'est un oiseau qui vient de France.
   2ème Couplet.
La messagère du printemps
Se reposait de son voyage
Quand un vieillard aux cheveux blancs.
Vint à passer par le village.
Un cri joyeux poussé dans l'air
Lui fit soudain lever la tête
Et comme aux anciens jours de fête
Son œil brilla d'un regard fier.
   Refrain. Les cœurs etc.
   3ème Couplets
Tous les matins et tous les soirs

Épiant son retour peut-être
Une fillette aux rubans noirs
Apparaissait à sa fenêtre
L'oiseau charmant vint s'y poser.
En dépit des soldats en armes
Et l'enfant essuyant ses larmes
Mit sur son aile un long baiser.

4ème Couplet

Il venait de la plaine en fleurs.
Et tous les yeux suivaient sa trace.
Car il portait nos trois couleurs.
Qui flottaient gaiment dans l'espace.
Mais un soldat vise et fait feu
Un long cri part et l'hirondelle.
Tout à coup renferment son aile.
Tombe expirante du ciel bleu. (Refrain.)
Il faut aux cœurs une espérance.
Rayon divin qui ne meurt pas.
Mais l'oiseau qui chantait là-bas (bis)
Ne verras plus le ciel de France.

Petit Pinson Chanson

1er Couplet

Petit pinson en déployant tes ailes
Regarde au loin contemple l'horizon
De mon ami porte moi des nouvelles
Viens chaque soir autour de ma maison
Ecoute moi petit oiseau sublime
En voltigeant le ciel pur
Si toutes fois sur un port maritime
Tu l'apercois sous les rayons d'azur

Refrain valse modérée

Petit pinson sur les vagues tremblantes
Si tu voyais un vaisseau balancé
Par les grands vents sur les eaux mugissantes
Viens m'avertir j'attends mon fiancé

2e Couplet

Il est parti ce fiancé que j'aime
Sa mère et moi nous le pleurons toujours
Dans le tombin d'un courage suprême
Il est d'espoir pour moi, pour ses amours

Il est là-bas, ce soldat héroïque
Avec honneur défendant son drapeau
Pour la patrie et pour la République
Il quitte son pays son ameau
      Au Refrain

3ᵉ Couplet

Quitte les bois viens chanter dans la plaine
Sous le ciel bleu redis moi chaque soir,
Avertis-moi dis fort de ta voix pleine,
S'il faut toujours espérer le revoir
Petit pinson, répondit d'un ton sage
Ecoute moi, sans beaucoup m'approcher ;
Dans le Tonkin, les Français sont en cage
Aux opportuns tu peux le raprocher
      Refrain

Petit pinson sur les vagues tremblantes
Si tu voyais un vaisseau balancé
Par les grands vents sur les eaux mugissantes
Viens m'avertir j'attends mon fiancé
      Fin de la Chanson

Beaux Rêves D'or
Romance

1ᵉʳ Couplet

Je suis joyeux ma toute belle
Car ce matin cher aux amours!
J'ai vu la première hirondelle
Qui nous ramène les beaux jours
Les lilas commencent à naître
Le bourgeon fait place à la fleur
Et j'ai pu voir par ma fenêtre
Les premiers rayons de bonheur

Refrain

Dans les sentiers roses
Nous irons tous deux
Les fleurs sont écloses
Pour les amoureux
Et remplis d'ivresse
Nous ferons encor
Charmante maîtresse
De beaux rêves D'or

2ᵐᵉ Couplet.

L'amour est un divin poème
Qui fait soupirer bien des cœurs
Dans un baiser l'on dit: je t'aime!
Et souvent on verse des pleurs
Narguons les chagrins, la tristesse,
Courons embaumer nos vingt ans.
Tous deux nous trouverons l'ivresse
En répétant nos doux serments
    Au Refrain

3ᵉ Couplet

Rappelle-toi quand sur ta bouche
Ma bouche prenait un baiser
Le gazon formait notre couche
A l'ombre il est si doux d'aimer
Le temps est encor ma mignonne
En passant il faut le saisir,
De fleurs tressons une couronne
Des beaux jours c'est un souvenir
    Au Refrain

4ᵉ Couplet.

De même fane la rose
De l'aurore au déclin du jour
Vingt ans n'est que l'apothéose
De Cupidon le Dieu d'amour
Profitons de notre jeunesse
Un éclair emporte vingt ans
Mignonne encor une caresse
L'air a de doux frémissements

Au Refrain

Dans les sentiers roses
Nous irons tous deux
Les fleurs sont écloses
Pour les amoureux
Et remplies d'ivresse
Nous ferons encor
Charmante maîtresse
De beaux rêves d'or

Fin de la Chanson

Voici L'amour qui passe — Chanson

1er Couplet

Mignonnes sous les branches
Venez je suis l'amour
Mettez vos robes blanches
Pour fêter ce beau jour
Les bois sont pleins, mes belles;
Enivrantes les senteurs
Cupidon de ses ailes
Abritera vos cœurs

Refrain

Voici l'amour qui passe
Et les prés sont en fleurs
Chaque couple s'enlace
C'est la fête des cœurs
Voici l'amour qui passe
Et les prés sont en fleurs
Chaque couple s'enlace
C'est la fête des cœurs

2ème Couplet

Là-bas sous la feuillée
Gazouille le pinson
La fauvette éveillée
Égrène une chanson
Et d'une voix bien douce
On se parle d'amour
Puis sur un lit de mousse
On s'aime tour à tour

3ème Couplet   Au Refrain

De bluets et de roses
On pare ses cheveux
Quand deux lèvres mi-closes
Cueillent de doux aveux
Alors sans rien se dire
Quand l'amour a passé
Dans le plus beau sourire
On échange un baiser

Au Refrain

4ème Couplet

Le soir, quand tout repose
On revient tout rêveurs
Tout bas bien bas l'on cause
Pour écouter deux cœurs
Des yeux cherchent les rêves
Qui fuit devant le soir
Ce poème s'achève
Au milieu d'un bonsoir Au Refrain

Le retour au Village ou
La croix de la légion d'honneur

1er Couplet

Le vent soufflait à travers la montagne
Lorsqu'un soldat ayant le sac au dos,
Bâton en main, descendit la montagne
En adressant au ciel ces quelques mots
Oh! dites-moi si je verrai mon père
Ce bon vieillard dont seul j'étais l'appui,
Si dans mes bras, je presserais ma mère
Pourrai-je encore l'embrasser aujourd'hui,

2ème Couplet

Lorsque pointa le clocher du village,
Notre soldat les larmes dans les yeux
Disait mon Dieu, donnez moi du courage
Car mon cœur tremble en revoyants ces lieux
Ah! j'aperçois enfin notre chaumière ;
Allons, ouvrez; l'on ne me répond rien
Seraient-ils morts, mais non j'entend ma mère
C'est votre enfant, votre fils qui revient

3ème Couplet

En s'embrassant tous deux ils versent des larmes
Pleurs de tristesses et larmes de bonheur
Ton père est mort quand tu portais les armes
Mais tu reviens adoucir ma douleur
Mère je veux aller au cimetière
C'est le devoir d'un fils à son retour
Son âme entendera au moins ma prière
Que je saurais répéter chaque jour.

4ème Couplet

Père entends-moi sur le champ de bataille
On m'a placé ce qui brille a mon cœur
Deux fois blessé par l'horrible mitraille
Je m'en reviens avec la croix d'honneur
Par cette fois je jure que ma mère
Tout son vivant ne manquera de rien
J'ai deux bon bras pour cultiver la terre
Aussi je veux être son seul soutien — Fin

Viens dans ma nacelle
pour jaser d'amour !

1ème Couplet
Brune enfant de Venise
Au sourire moqueur
Il faut que je te dise
Le secret de mon cœur
Je t'aime a la folie
Car le ciel d'Italie
N'a pas un bleu plus pur
quand

Que ton regard d'azur
Refrain
Viens dans ma nacelle
Au déclin du jour
Nous irons ma belle
Pour jaser d'amour
Viens dans ma nacelle
Au déclin du jour
Nous irons ma belle pour jaser d'amour
2ème Couplet
Chaque soir ma charmante
Sous ton balcon fleuri,
C'est pour toi que je chante
Ce refrain l'avori ;
Et lorsque à ta fenêtre
Je te vois apparaître
Je sens mon cœur frémir
D'ivresse et de plaisir
Au Refrain
3ème Couplet

Quand glisse ma nacelle
Sur le flot diapré,
Je vois toujours ma belle
Son visage adoré.
Sur mon âme ravie,
Je donnerais ma vie
Et le trône d'un roi
Pour un baiser de toi! Fin

La Tombe des quatre Sergents ou
La vielle aux fleurs.

1er Couplet.

Dans un coins du cimetier
A Montparnasse est un tombeaux
Dont l'herbe envahit l'humble pierre;
Jeunesse ô dès votre aïeau
Là dorment dans la nuit profonde
Quatre martyrs, quatre grands cœurs
Qu'une femme unique en ce monde

Chaque jour vient couvrir de fleurs...
    Refrain
C'est qu'elle était sublime et forte
Cette vieille au cœur de vingt ans.
Qui fleurira puisqu'elle est morte,
Qui fleurira la tombe des Quatre Sergents
    2ème Couplet
Elle aimait Raoulx l'un des quatre
Elle l'aimait sincèrement
Quarante ans son cœur devait battre
Pour ce posthume et digne amant;
Elle était d'origine obscure
Et s'appelait Françoise mais
Est-ce que plus noble nature
Fut gardée au bois à jamais
    au Refrain
    3ème Couplet
Lorsque son cher Raoulx conspire
Et qu'elle le suit à Paris.
Françoise éperdue, en délire,

Croit tout attendrir par ses cris :
Elle court : et le temps se passe :
C'est une grâce qu'ils lui faut ! —
Mais, n'ayant rien pu, sombre et lasse
Elle va jusqu'à l'échafaud... — au Refrain)

        4ème Couplet :

Leur supplice eut l'air d'une fête
Les bouquets pleuvaient autour d'eux
Quand ils passaient dans la charrette
Françoise les suivait des yeux.
Elle cria : « Raoul ! je t'aime ! »
Et lui, la voyant tout en pleurs,
Lui jeta comme adieu suprême
Un des mille bouquets de fleurs. Au Refrain

        5ème Couplet.

Depuis ce jour, beauté, jeunesse,
Tout en elle portait le deuil.
Des morts que pleurait sa tendresse
Elle n'aima rien qu'un cercueil !
Par tous les temps et malgré l'âge,

Jamais Françoise ne manquait
De faire son pèlerinage
Et de porter son cher bouquet...
Au Refrain (Fin)

Les Cuirassiers de Reischauffen

1er Couplet

Ils reculaient nos soldats invincibles
A Reischoffein la mort fauchait les rangs
Nos ennemis dans les bois invisibles
Comme des loups poursuivaient ces géants
Depuis le soir disputant la bataille
France ils portaient ton drapeau glorieux
Ils sont tombés vaincus par la mitraille
Et non pas ceux qui tremblaient devant eux

Refrain

Voyez là-bas comme un éclair d'acier
Ces escadrons à travers la fumée
Ils vont mourir c'est pour sauver l'armée

Donnez le sang du dernier cuirassier

2ème Couplet.

On leur a dit il faut sauver la france
C'est de vous seul qui dépend l'avenir
De Waterloo, gardez la souvenance
Ainsi qu'alors il faut vaincre ou mourir
Le vent du soir soulevant leur crinières
Et secouant leur cuirasse d'airain
Fit tressaillir du fond de leurs tanières
Ces Allemands qui se serraient en vain

3ème Couplet.

Par quatre fois, torrents irrésistibles
Ce flot humain troua les rangs pressés
Des Allemands que cet élan terrible
Sur les verts prés couchaient comme des blés
Mais au moment où finit la bataille
Quand on chercha ce régiment de fer
Les Corbeaux noirs déjà faisaient ripaille
De sang fumant et de l'embeau de chaire

Au Refrain (Fin)

Un Voleur

1er Couplet

Accusé levez vous votre âge
Et votre nom bien clairement
Vous vivez de vagabondage
Fait durement le président
Sans doute une mauvaise mère
Se sert de vous pour mendier
Non dit l'enfant triste et sévère
Maman est morte l'an dernier

Refrain

Je suis presque seul sur la terre,
Ne m'envoyez pas en prison.
A vos genoux je dis pardon.
Monsieur, Monsieur.
Je n'ai plus que grand mère.

2ème Couplet

Alors que fais donc votre père
L'enfant répond en sanglotant

Mon père est mort un jour de guerre.
Là bas ou le ciel est brulant.
J'appris par grand maman en larmes.
Qu'entouré la nuit près d'un fort.
Plutôt que de rendre les armes
Il avait préféré la mort. (Refrain.)

3ème Couplet

Allons voyons votre grand mère.
Sans doute vous poussait au mal.
L'enfant dit d'une voix amère
Hélas elle est a l'opital.
Elle a quatre vingt deux ans d'âge
Elle est aveugle et meurt de faim
Comme nous étions sans ouvrage
Bien souvent nous manquions de pain.
. Refrain .

4ème Couplet.

Lundit c'était beau dans la ville.
Beau que j'en perdis la raison.
On fêtait la Saint Cécile.

Et grand mère porte ce nom.
Ma petite poche était vide.
Alors n'écoutant plus mes pleurs.
J'ai volé d'une main avide
Voler un gros bouquet de fleurs.
. Refrain. (Fin)
Prenez en pitié ma pièce.
Bientôt je vous renterai l'argent.
Pardonnez moi mon président.
C'était c'était pour la fête a grand mère.

Je veux un grand polichinelle.

1er Couplet.
Tu m'as dit si j'étais bien sage.
Qu'aujourd'hui tu m'achetterais
Pour mes étrennes c'est l'usage.
Père tout ce que je voudrais.
L'an dernier j'eus une trompette.
Des jouets c'est bien amusant.

Dis viens que tu baisses les yeux.
Vas donc je serais si content.
Refrain.
Que la fête doit être belle.
~~Il ferait~~ pourtant il fait bien froid chez nous.
Vas vite père et prend des sous.
Moi, je veux un polichinelle.
2ème Couplet.

A ces mots le malheureux père.
Tressaillit et resta muet.
Mais malgré leur triste misère.
Son enfant voulait un jouet.
Oui, lui dit il la fête est belle.
Hélas nous n'avons plus de pain.
Et la mort cruelle nous guette.
Et l'enfant répondit soudain.
Refrain.
Que la fête doit être belle.
Il fait pourtant bien froid chez nous.
Vas vite père et prend des sous.

Je veux un polichinelle.
Je veux un grand polichinelle.
   3ème Couplet.
Mais le père nun en demande
Par la prière de l'enfant
Et d'un bon vert la toute séance
Il s'enfuit comme ouragan.
Puis bientôt son regard étincelle.
Sur la vitrine d'un bazard.
Et voilà un polichinelle.
Il s'enfuit de son œil agard.
   Refrain.
Dans la mansarde où l'eau ruisselle.
Où le vent souffle par les trous.
L'enfant repettait prend des sous.
Je veux un grand polichinelle.
   4ème Couplet.
Pour monter à sa triste chambrette
L'homme alors graisse l'escalier.
Mais pris de remords il s'arrête.

Quelques instants sur le palier
Puis d'un bout franchissant la porte
Il va dire tout bas a l'enfant.
Tiens ne pleure plus je t'apporte
Les étrennes du jour de l'an.

   Refrain.

Mais a cette voix qui l'appelle.
Hélas l'enfant ne répond pas
Il était mort disant tout bas.
Moi je veux un polichinelle.
Je veux un grand polichinelle.

Petit Oiseau

1er Couplet.

Petit oiseau desque jourre lacage
Tu viens sur moi te poser gentiment
Je t'ai reçu comme un sincère gage
Du fiancé dont je rêve souvent
Depuis qu'il est sur la mer immense

Bravant sans peur le destin des combats.
Matin et soir tu me tiens compagnie.
De son amour tu me parles tout bas.
　　　Refrain.
Petit oiseau messager d'esperance.
Vas le presage à mon cœur alarmé.
Brave sans peur il combats pour la France
Reviendra-t-il mon pauvre bien aimé.
　　　2ème Couplet.
Petit oiseau tu te souvient sans doute.
Du jour charmant par moi toujours beni.
Ou nous t'avons recueilli sur la route.
Pauvre pinson échappé de ton nid.
Tu palpitais et ton aile blessée.
Se déchirait aux ronces des buissons
Ainsi parfois j'ai peur et ma pensée
Dans ma chambrette a besoin de chansons
　　　3ème Couplet.
Quand il partit pour la rive lointaine.
En me quitant il vient te caresser.

Voilà pourquoi tu prend part a ma peine.
Pourquoi je veux te donner un baiser.
Oh n'est pas que la terrible guerre.
Ne baisera jamais mon frère espoir.
Oh n'est pas qu'heureux comme naguère.
Avec ivresse il viendra nous revoir.

4ème Couplet.

Mais qu'est ce donc et qui frappe à porte.
Mon cœur devine et ne se trompe pas.
Reveilles toi mon esperance morte.
Des mon ami j'ai reconnu le pas.
C'est lui c'est lui je tressailli et je tremble.
Petit oiseau chante notre bonheur.
Oh qu'il est doux d'être a jamais ensemble.
Gloire a la France il a la croix d'honneur.

Refrain

Petit oiseau messager d'esperance.
Consolateur de mon cœur alarmé.
Chante toujours et l'amour et la France.
Car il est la mère tendre bien aimé.

Fin

Les Soupirs du Rossignol

1ᵉʳ Couplet.

Deux amoureux dans un bocage
S'en allait au déclin du jour
Quand d'un rossignol le ramage
Charma les échos d'alentour.
Ils s'arrêtèrent en silence
Pour mieux entendre cette voix
C'était comme un chant d'espérance
Qui résséletait au fond du bois.

Refrain.

Le printemps rit sous la charmille
Du bonheur c'est le temps bénit.
L'amour joyeux a fait son nid.
Faites comme lui jeunes filles
L'amour joyeux a fait son nid. (bis)

2ᵉᵐᵉ Couplet.

Dans les branches passe un murmure
Dans la nuit le chantre divin

Seul soupirait a la nature
Son hymne superbe sans fin.
Tous deux il avait l'arme emue.
Ils se disaient dans un frison.
Avec un' ivresse ingenue
Et coutons encore la chanson. Refrain......

3ème Couplet.

Plus le chant se faisait entendre.
Plus le cœurs s'emplissaient d'émoi
Alors de son air le plus tendre
Le jeune homme dit aime moi.
A ce moment une fauvette.
A son rossignol repondit.
Ce fut comme un tuit de fête.
Ou le couple d'oiseau redit. Refrain.

4ème Couplet.

Oh. comme il chante bien dit elle.
Il reprit, comme ils sont heureux.
Crois a ma tendresse fidèle.
Et nous pourons l'être comme eux

Or tandis que sous la feuillée
Mourait l'amour chanson
Tout les deux l'âme emerveillée
Ils fredonnait a l'unisson. (Refrain) bis

L'enfant de Paris

Paris l'avait vu naître
C'était un pâle enfant éclos dans les faubourg
Il était de ceux la qui suivait les tambours
Et sentes dans leur sang circuler le salpêtre
Quand passe des clairons devans un regiment
Il avait bien souvent inquieté sa mère
En lui disant quand je serai grand je serai militaire
Les noms de Hoche et celui de Marceau
Faisaient battre son cœur et troubler son cerveau.
D'être vaillant comme eux il avait l'esperance
Le jour ou la Patrie appella ses enfants
Il fut un des premiers parmi les combattants
Qui vinrent se ranger a son appelle suprême.

Les fusils en faisceaux, maintenant sont rangés
La bataille est fini et les morts vengés autour du feu
Chacun cherche une ami qu'il aime, la nuit tombe
Et les soldats pense a ceux qui sont couchés là bas
Il jurraient que l'un des leurs suivaient l'armé ennemi
Et a conquis un drapeau.
C'est un enfant dit on a la face blémie
Et pour qui le fusil est un jouet nouveau.
Qui s'élencent au milieu de la foudre
Et s'emparer de l'étendart Allemand.
On vient de l'amener devant le Commandant.
C'est l'enfant dit on qui jadis fesait pleurer sa mère
En lui disant qu'un jour il serait Militaire
Le chef en voyant ce gamin lui dit.
C'est bien, mon brave et lui tendit la main.
Quelle âge à tu. Vingt ans ta Ville Paris mon Comma...
Pays des bons soldats prendre un drapeau.
N'est pas choses facile. Dit nous.
Comment tu fis quand tu t'en ffraus.
Le bataillon devant lui silence et l'enfant.

Tournant son képi dans ces doigts.
Et rougissant presque de sa vaillance.
Voici comment il raconta ces exploits.
C'était ma première bataille, mon commandant
Je n'avais pas peur car si je suis de petit taille,
Je ne le suis pas de cœur.
Je me disais comme ma vieille mère,
Tremblait de me savoir la, je vis passer
Cette bannière et je me dis il faudrait prendre ce
Les tambours les clairons les trompettes
Sonnaient la charge aux escadrons
J'allais devant leur bayonnettes et sans soucis.
De leur canons ce Drapeau je voulait le prendre
C'était dure mon Commandant.
Car ils étaient la pour le défendre
Ceux qui restaient du regiment
Allons que je dit vive la France
Si je meurt on le verra bien dans le
tonnerre je m'élance ne voyant n'entendant plus rien
Combien en restait ils des nôtres.

Mon Commandant je ne le sais pas.
Mais quand je reviens près des notres
J'avais le drapeau. Dans mes bas.
C'était qu'ils parlait d'une voixe fier et mal.
Le chef alors embrassa son front pale.
Ensuite decroche la croix de sa tunique
Il a crocha sur le coeur de l'enfant.
Lui chancellant soudain en palissant.
Merci mon commandant, gardez cette relique.
Moi je n'en nai pas besoin je ne la porterais pas
Car un morceau de plomb que j'ai reçu là bas
Me glace le coeur. Mais a ma vielle,
Mère remettez cette croix d'honneur.
Dites lui bien sur tout que je n'ai pas eu peur,
Et que je suis mort en vrai militaire,
Puisse aussi avant de mourir vous mad..j
Embrasser sa lui fera plaisir.
Maintenant adieu mes camarades.
Et vous aussi mon Commandant
Je pars avec vos embrassades.

Et cela me console un peu.
Au revoir amis de mon enfance,
Je suis tombé pour mon pays.
Ma mère et toi mon vieux Paris
Adieu je meurs. et Vive la France.

(Fanfan)

L'hirondelle est partie

Ce bois est triste solitaire
Des sentiers jadis pleines d'rose
L'automne a chassé le mystère
Avec les feuilles des rameaux
Comment la forêt toute nue.
Eh! me restes a mon cœur glacé
Qu'un souvenir fleure disparue
D'un tendre et radieux passer. Refrain
L'hirondelle est partie avec les feuilles vertes
Ma maîtresse comme elle a quitté notre nid
Oiseau ne chantes plus dans les branches désertes
Avec mon dernier chant mon bonheur s'enfui.

2ème Couplet.

L'inconstante a plogée son aile.
Aux premiers frissons de l'hiver
Emporte son amie avec elle
Elle a laissé les nid desert.
Et dans sa chambre demi close.
Sur ma fenêtre ce matin
Est morte la dernière rose.
Qu'avait planté un jour sa main.

3ème Couplet.

Elle m'oublira l'infidelle.
Mais quand l'hiver sera finir
Aux soleils d'avril l'hirondelle.
S'en reviendra peut être au nid
Et moi pardonnant la fileuse.
Joyeux alors je m'enirai.
Vers la bonde capricieuse.
Car jamais je ne l'oublirait.

Fin.

2. Dans un Baiser

1er Couplet

Dans un baiser la jeune fille.
Comprend que les yeux innocents.
C'est une chose bien gentille.
Pour n'être pas vu des parents.
Dans un petit coin en cachette.
Le cœur lui bat et se bise.
C'est qu'elle a senti la fillette
L'amour venir dans un baiser.

2ème Couplet

Dans un baiser la jeune femme.
A senti son front virginal.
Brûler d'une enivrante flamme.
Car là dans ce lit nuptial.
Vient de tomber une couronne.
Des boutons de fleurs d'orange.
Elle supplie elle pardonne.
Et puis s'endort dans un baiser.

3ème Couplet.

Dans un baiser la jeune mère
Qui fait danser sur ses genoux.
Un chérubin est tout fier.
De lui les anges sont jaloux.
On se lasse de toutes choses.
Un homme aimer peut s'oublier.
Jamais le petit bébé rose.
Que l'on ménage dans un baiser.

4ème Couplet.

Baiser charmant de mon jeune âge.
Baiser plus doux de mes seize ans
Baiser brulant du mariage.
Et toi cher baiser des mamans.
Moi qui ne vit que pour aimer
La seule chose que j'envie.
C'est de mourir dans un baiser.

(Fin)

Les trois fauvettes

1er Couplet.

Par un doux matin de printemps
Trois fauvettes assez frifronne
A travers les blucts des champs
S'en allaient courir folichonnes.
Les lutinant par leur babi.
Trois pinçons suivaient les coquettes
Ah disait-il voici l'avril.
Moins dangereux pour les fauvettes

Refrain.

Veuillez accepter nos trois ailes.
Murmurait les petits pinçons.
Nous sommes tous les trois garçons
Et vous êtes trois demoiselles.
Tous les six aux bois nous irons.
Cueillir la fraise sans façon
Mes demoiselles

2me Couplet.

Elles prirent un petit bois
Faisant la plaine ensoleillée
Elles disaient aux polisons.
Nous demeurons dans nos familles.
Pour la rose nous concourons.
Car nous sommes d'honnête filles.

   3ème Couplet.

Près d'un enclos on s'arrêta
Et les fauvettes vagabondes.
Becquetair par ci par las.
Des raisins dans les vignes rondes.
Puis nos trois pincons un peu gris.
S'offrirent a servir de guide,
Pour reconduirent dans leur nids
Les trois demoiselles timides

   4ème Couplet.

A travers les étroits sentiers
Chacun a sa particulière.
Se mit a prendre des baisers.
D'une façon fort cavalière.

Puis ils les menèrent chez eux.
Mais les belles d'un air sévère.
Dirent finissez petits creux.
Que pensergaient nos vieilles mères.
         5ème Couplet.
Le lendemain pour réparer.
L'honneur des trois joyeuses personnes.
Les trois neveux vinrent demander.
La main des petites gamines.
La noce se fit un matin.
Sous un frêne du voisinage.
On prit pour chanter au lutrin.
Sous les rossignols du bocage.
         Refrain.
Veuillez accepter nos trois aides.
À minuit dirent les petits fiancés.
Ô belles nous conduirons.
En tourtereaux mes tourterelles
Et bientôt nous vous donnerons.
Dix ou quinze petits fiançons
   Mes demoiselles

Bellefort

Ils étaient au moins trente mille
Nous étions pas douze cents
Ils voulait avoire notre ville
Nous leur montions les dents.
Ils voulaient mais qui nous importe
L'honneur est tout pour les soldats
Et nous avons fermé la porte
En leur disant on nentre pas.

2ème Couplet

Strasbourg met Paris tombèrent.
Et Bellefort ne se rendait pas.
Nos derniers repas secroulèrent
La faim tua nos derniers soldats
Alors ahetes pleurant de rage
Nous deflons soignement.
Avec canon armes et bagages.
Musique en tête insigne au vent.

3ème Couplet

Ils avaient une âme terrible.
Nous avions des mauvais canons
Ils avaient le nombre invincible.
Ils avaient un troupeau d'espions
Mais nous avions pour Capitaine
Un chef qui contemple les bas.
Nous avions l'amour et la haine,
C'est deux choses qu'ils n'avaient pas.
    Refrain
Le soir au Village a la Ville
On parlera de nos combats (bis)
Ils étaient au moins trente milles
Et Bellefort ne se rendait pas (bis) Bis.

Le Forgeron de la paix.

Dans un village minuit sonne.
Un forgeron frappe le fer.
Auprès d'un brasier qui rayonne.
Son marteau s'élève dans l'air.

Il retombe dans sa main velue
S'accompagne d'une chanson
En forgeant un ser de charrue
Pour une prochaine moisson.
   Refrain.
C'est toi pour la paix dit-il que travaille.
Loin des canons je vis en liberté
Je façon le fer qui sert à sa semaille.
Et ne forge du fer que pour l'humanité
   2ème Couplet
Soudain par la porte qui s'ouvre.
Entre une femme au teint hâve
Sous le long manteau qui la couvre.
Elle tient un glaive bise
Sa poitrine est tout sanglantée
Et l'homme en faisant le souci
Lui demande avec épouvante.
Femme que viens tu faire. (Refrain)
   3ème Couplet
Mais alors répond l'étrangère.

Dans les sillons je mets du sang.
Reconnais moi je suis la guerre.
Et forge mon sabre à l'instant.
Le forgeron saisit la lame.
Mais la broyant sous ses outils
Il lui dit soit maudite femme.
Toi qui naguère a pris mon fils.
        Refrain.
C'est pour la paix que mon marteau travaille
Loin des canons je vis en liberté.
A jamais soit maudit les engins de bataille
Je ne forge du fer que pour l'humanité.

Faut qu'il Revienne

Depuis 40 ans la France.
Avait peine à reprendre espoire
Quand elle mit sa confiance.
Dans les généraux dûe devise.
Sans peur sans reproche et sans tache.

Il poursuivait sa noble tache
Comme un vrai ministre français
Son nom présagez le succès
Comme chaque citoyens.
Avec lui savait bien
Pouvoir affronté les combats
Tout les peuples et tous les soldats
Comptaient sur Boulanger
Pour braver les Danger
Et rendre sans retard
Le triomphe a nos étendards.
  Refrain.
Oui Boulanger
Est bien sus retour
Les moral du troupier
Qu'on souvienne.
Le peuple entier
Dont il s'est fait aimer
Réclame Boulanger
Fait qu'il revienne.

Son départ nous cause à cette heure
De biens légitimes regrets
L'Alsace et Lorraine pleures
Sentant retarder le progrès.
N'était il pas comme un emblême
De la victoire que l'on aime
Dans notre chère et beaux pays
Après tant de destins trahis
Mais très certainement
Il viendra ce moment.
Où nous les verrons revenir
Pour chef dans un proche avenir
Pour nos braves guerriers
Symboles des lauriers.
De Boulanger le nom
Chez nous sonne comme un clairon

3ème Couplet.

Nous le voulons la France entière
Qui n'a pourtant pas froid aux yeux
Mais qui regarde à la frontière.

Veut ces ministres valeureux
La nation est assez forte.
Nous cherchons la paix mais qu'importe
Qu'on fronce les soucil là bas.
Boulanger nous guide aux combats.
Si l'ennemi demain depasser.
Il pourrait bien s'en repentire
Car il serrait soudain venir.
 Avec nos regiments
 Nos citoyens ardents.
Tout prêt a se venger
Prés du General Boulanger.

 4ᵉᵐᵉ Couplet.

Alors que la France alarmée
Devait se tenir l'arme au pied.
Boulanger preparant l'armée
A donnés du cœur aux troupier.
Et les enfants de la patrie
Avec lui risqueraient leur vie
Un cri du triomphes a l'avenir

Aussi doit il nous revenir
A coup sur ce jour la
Le peuple et les soldats
Suivront leur brave general
Avec un entrain general
Sous les plis du Drapeau
Emints des morceau
Tous se mettront à crier
Vive la France et Boulanger
Refrain Fin

En revenant de la Revue

1er Couplet

Je suis chef d'une joilleuse famille
Depuis longtemps j'avais fait le projet
D'amener ma sœur ma femme ma fille
A la revue du 14 juillet
Apres avoir cassé la croute
Gaiment nous nous somme mis en route

Les femmes avait pris le devant
Moi je donnait le bas a belle maman
Chaqu'un s'evait emporté.
De quoi jouvoir boulauté.
Dabord je portait les pruneau.
Mas femmes prtait deux jenbonneaux
Ma belle mère comme fricot.
Avait une tête de veau.
Ma fille son chocolat et Ma sœur deux œufs sur le plat
 Refrain.
J'aissiet Contemps.
Nous étions triomphant.
En alant a Longchamp
Le cœur a l'aise
Sans esiter
Car nous voulions fêter
Voir et Complimenter l'armée Française
 2ème Couplet
V'la qu'a longchamp l'on foule la pelouse.
J. Commensont par nous instalé

Puis nous débouchons douze litres à douze
Et transcrit à soissonner
Tout a coup bon cri vive la France
Crédié c'est la revue qui commence
Je grimpe sur un marronier en fleur
Et ma femme sur le dos d'un facteur
Ma sœur qui aime les pompiers
Réclame c'est fiers troupier
Et ma tendre épouse des mains
Quand défile les Sénégriens
Ma belle mère pousse des cris en reluquant les spahis
Moi je faisaient qu'admirer notre Général Boulanger

Refrain

Baisser Costeaux
Nous étions triomphant
De nous voir à Longchamp
Le cœur à L'aise.
Sans ésiter
Car nous voulions féter
Voir et Complimenter l'armée Française

3ème Couplet.

En route j'invite quelques militaires.
Avenir ce rafraichir un brin.
Mes a force de lichor des vers.
Ma famille avait son petit grain
J'ai quité les bras de ma belle mère
J'ai pris ce lui d'une cantinière.
Et le soir lorsque nous rentrons
Nous étions tous complètement rond.
Il y avait ma sœur qui ramenait un chasseur
Ma fille qui avaient son plumet
Sur un Cuirassier s'appuyait
Et ma femme sans façon. Enlaçait un dragon
Ma belle mère au petit trot
Galoppait au bas d'un turcot.

   Refrain
Baiser Longtemps.
Nous étions triomphant.
En revenant de Longchamp
Le cœur a l'aise

Sans crier
Car nous allons fêter
Vivre et Complimenter l'armée Française

Chanson - L'on devrait suprimer ça

J'ai voyagé Dieu c'est comme
Oui je l'avoue carrement.
Ce qui perdra toujours l'homme
C'est la femme assurement
C'est la tentature des hommes
C'est le malheur d'un cœur qui bat
Moi je dis que toutes les jolies femmes
L'on devrait suprimer ça. L'on devrait suprimer ça

2ème Couplet

J'ai fait connaissance un jour
D'une Italienne fort jolie
D'une j'ai payé si chaire l'amour
J'ai mangé pour cette déesse
Toute la patrimoine à Papa

Toutes les femmes qui fouilles dans la caisse,
L'on devrait suprimer ça. L'on devrait suprimer ça.

3ème Couplet

A Paris c'est autres choses.
J'adore les brunes sans façon.
Qui caches sous un beaus soies roses.
Les molets les plus frisons.
Quand je vois ça mon coeur trembles.
Comme les volans l'ac de mon delà
Les femmes qui on de si beautés de jambes.
L'on devrait suprimer ça. L'on devrait suprimer ça.

4ème Couplet.

Au théâtre j'ai vu fifines.
Dans un costume en dalous.
Qui ne cachait point sa poitrine.
Jais lui décendait jusqu'au jenoux.
Quand je vois ça je tombe en extase.
Sa me remue jusqu'au libilion.
Les femmes qui on de si beau les jambes.
L'on devrait suprimer ça. L'on devait suprimer ça.

5ème Couplet.

J'ai sur la rives du bosphore
Vu les filles de Mahomet
Je crois que je respire encore
Leurs parfums de rose et d'œillets
Pour mieux les admirer en somme
J'ai pris la place du pacha
Mais je me suis dis : 36 femmes
Pour un seul homme
L'on devrait suprimer ça : L'on devrait suprimer ça.

6ème Couplet.

J'admire la belle nature
D'une blanchisseuse de Meudon
Qui ne met pas de fourniture
Dans le derriere de son jupon
A rien quand voyant cela je devines
Ce que la nature cache la
Les femmes qui portes des crinolines
L'on devrait suprimer ça : L'on devrait suprimer ça.

7ème Couplet.

Quand j'ai visité L'allemagne
J'ai tombé sur les appas
D'une grosse fille de campagne
Qui me fit partager son repas.
Tout en lui parlant du Mariage
Voila que ces cheveux rouges tombe dans le plat
Ques de faux chignons tomber dans le potage
L'on devrait suprimer ça. L'on devrait suprimer ça.

3me Couplet.

Pardonner moi femme aimable.
Il n'y a pas un mot de vrai la dedans
Jes vous trouve toute aimable.
Et je vous aime pour longtemps.
Il faut vous ouvrir mon âme. Mon opinion la voila
Toute homme qui n'embrasse pas sa femme
L'on devrait suprimer ça. L'on devrait suprimer ç[a]

Le Beau Sergent

1er Couplet.

Dans un petit Village de Loraine

Des battaillons passait marchant au pas.
Une fillette ayant seize ans a peine
De ses grands yeux regardait les soldats
Lorsqu'un sergent s'avance ver la belle.
Et lui demande un baiser cranement,
Ami soit brave et tu l'auras dit elle.
Quand reviendra chez nous ton régiment.

Refrain.

Le clair soleil a l'horizon immence
Couvre les bois de son eclat vermeil
Adieu dit-elle adieu beau régiment de france
Demain revient ici saluer le soleil.

2ème Couplet.

Le beau sergent partie rejoindre l'armée
Qui se battaient vers les côtes d'un bois
Et disparu bientôt dans la fumée
Du canon seul. On entendait la voix.
La nuit tombait sur le champ de bataille,
La jeune fille attendait veine espoir.
Le régiment faucher par la mitraille.

Ne revint pas au Village le soir.
(Refrain)
La poudre au loin dont un nuage immence
Couvre les bois des son éclat vermeil.
Adieu. dit. elle. adieu. beaux régiments de France.
Demain revient ici saluer le soleil.

3ème Couplet
Le lendemain quand l'aube épanouie.
Vint éclairer la place du Combat.
La jeune fille alla dans la prairie
Chercher celui qui ne revenait pas.
Elle l'apperçut au bord de la Moselle.
Le soldat mort les traits déjà pâlis.
Tient beau Sergent je t'apporte dit elle
Ce doux baiser que je t'avais promis.

(Refrain)
Le clair soleil a l'houizon immence
Couvre les bois de sont éclat vermeil.
Adieu. dit. elle. adieu. noble fils de France.
Qui dormons maintenant d'un glorieux soleil.

Les Voyelles ou
A, E, I, O, U,

1er Couplet Je suis natif de Cuba. i, e, a
Et je peut dir que j'suis bien né, i, a, e
Comme j'avais beaucoup d'esprit. e, a, i
Je m'embarcuai pour le Congo, a, i, o.
Un endroit très peu connu . a, e, i, o, u.

Parlé: Et l'i grec.....? — J'm'assecis d'sus. 2e Couplet
Nous recûmes s'un coup d'tabac. i, e, a
Et l'vaisseau sur un rocher. i, a, e,
Avec l'équipag périt, . e, a, i,
heureusiment qu'un cachalot. , a, i, o
M'avala comme un goulu. . A, e, i, o, u

Parlé. Et U grec...? J'm'assecis d'sus. 3e Couplet
Mais c'poisson très délicat. . i, e, a
Avec dégout m'a resté . i, a, e,
Sur l'rivage d'un grand pays. . e, a, i
Où qu'il y avait des negros. . a, i, o.
Aussi noirs que peut vêtus . A, e, i, o, u

Parlé:

4ème Couplet.

Le roi de cett' contrée la . . i.e.a
Me trouvant bon a manger . i.a.e
M'a dit : Comm' du bœuf bouilli . e.a.i.
En cotlett's, ragoûts, gigots. . a.i.o
Je vais t'avaler tout cru . a.e.i.o.u

Parlé : Eh bi grec….? Je m'asseois d'sus. 5e Couplet
Je repondit, grand pacha . i.e.a
Je fus deja boulotté . . i.a.e
Par un poisson cette nuit.. e.a.i.
Tu n'sras pas assez salop. . a.i.o
Pour manger d'la viande d'rebut. a.e.i.o.u.

Parlé : Eh bi grec :…? J'm'asseois d'sus. 6me Couplet
Mon eloquence étonna , . i.e.a
La reine qui m'avait eluqué . i.a.e.
D'vant son moricaud d'mari . . E.a.i.
Elle m'offrit un' noix d'coco . a.i.o.
Je tremblais pour ma vertu a.e.i.o.u.

Parlé : Eh bi grec….? J'm'asseois d'sus ; 7me Couplet
Savez-vous ce qui s'passa . . i.e.a

  Sans mal vous devinez . i. a. e.
  Du roi je devins l'ami. e. a. i.
  De la reine le Roméo. a. i. o.
  C' qui fait qu'il était cocu. a. e. i. o. u.
Parlé: Et li grec....? Je m'assois d'sus 2ème Couplet.
  La morale la voila, . i. e. a.
  Quand vous vous embêterez . i. a. e.
  Quittez vivement Paris. . e. a. i.
  Et partez pour le Congo.. a. i. o.
  Vous serez comme des bossus. a. e. i. o. u.
Parlé: Et li grec.....? Je m'assois d'sus (Fin)

_____

Le Voleur — air connu

1er Couplet
_____

  Un jour en correctionnelle
  Un pauvre vieux comparaissait
  Des larmes voilaient sa prunelle
  Et tout tremblant, il répondait.
  Le président d'un ton morose
  Lui dit: « Accusé, levez-vous.

Vos noms?... prénoms?... quelles est la cause
Qui vous amène devant nous?.... »
   Refrain
C'est le chomage et la misère.
Répond le vieux en sanglotant
Ayez pitié mon président.
Des orphelins dont je suis le grand père :
   2ème Couplet.
Soit bien mais pour vagabondage.
On vous arreta cette nuit.
Par égard pour votre grand age.
Nous vous pardonnons ce délit.
Mais vous avez chose blamable.
Volé quatre livres de pain ».
« Mon president, je suis coupable
Mais les enfants mouraient de faim? ».
   Refrain.
C'est le chomage et la misère.
Ajoute-t-il en sanglotant.
Ayez pitié, mon president.
Des orphelins dont je suis le grand père

3ème Couplet.

La loi ne connait pas de larmes.
Un code, ça n'a pas de cœur.
Les juges disent aux gendarmes :
Mettez en prison ce voleur.
Le lendemain le pauvre père
Sentant ses maux bientôt finis.
Dit : « Je meurs... Voici ma prière...
Prenez en pitié les petits.

Refrain.

Car ils seront seuls sur la terre
Pour eux soyez plus indulgents
Secourez-les, mon président.
Et pardonnez à leur pauvre grand père ? »

Crois. en.
L'oiseau Qui Vient De France

1ère Couplet.

C'était par un beau soir d'été.
Dans un coquet petit village.

Un oiselet, plein de gaité,
Arrivant d'un lointain voyage,
D'un vieillard malade en son lit,
Il pénétra dans la chaumière ;
Voyant le long de sa paupière,
Glisser une larme, il lui dit :

   Refrain

« J'apporte a ton cœur l'esperance ;
Ils sont prets nos vaillants soldats,
Ton drapeau tu le reverras,
Oui vieillard tu le reverras,
Crois-en l'oiseau qui vient de France ».

   2ème Couplet

A ces paroles, le vieillard
Se sentit tout a coup renaitre,
Vers l'oiseau tournant son regard,
Et tressaillant de tout son être :
« Rétête encore oiseau chéri,
Ce que je viens d'entendre »
Le passereau d'une voix tendre, (Refrain)
Avec emotion reprit :

2ème Couplet.

J'étais sur le point de mourir.
Mais ta voix a séché mes larmes;
Ton chant d'espoir va me guérir.
J'entends déjà les cris: « Aux armes! »
« Vieillard, pour toi plus de douleurs.
Oui j'ai vu la France chérie;
Tu dormiras dans la patrie.
Dans un linceul aux trois couleurs. (Refrain)

La jolie Messagère

1er Couplet

Puisque tu pars, ma gentille hirondelle,
Pour le pays lointain de mes amours.
A Jeanne dis: « Ton amant t'es fidèle.
Sois sans alarmes, il t'aimera toujours »
Rappelle-lui nos heures d'allégresse.
Rappelle-lui nos serments amoureux.
Quand nous allions pleins d'une douce ivresse,
Rêver le soir dans les sentiers ombreux.

(Refrain).

Messagère charmante
Sur l'aile des zéphirs
Va, Dire a mon amante :
Mes sanglots mes soupirs.
Dis-lui que loin de France
Je conserve toujours.
En mon cœur l'espérance
De recevoir mes amours.

2ᵐᵉ Couplet.

« Jeanne ?... pan ! pan ! » « Qui frappe à ma fenêtre ? »
« Ouvre, c'est moi j'arrive de là-bas ? »
« Mon fiancé ?... Quels troubles !... mort peut-être ; »
Rassure-toi Jeanne ne tremble pas. »
Il m'a chargé de te dire qu'il t'aime :
Et que jamais il n'aimera que toi.
Merci, merci, mon bonheur est extrême.
« Ah ! j'ai le cœur rempli d'un doux émoi. »

(Refrain).

Messagère charmante.

Quand tu le reverras.
Dis-lui que son amante.
Ne le trahira pas.
Dis-lui que loin de France.
Il conserve toujours
En son cœur l'espérance.
De revoir ses amours.

2ème Couplet.

En même temps que la bonne hirondelle
Le fiancé de Jeanne est de retour
Ah! sur son cœur comme il serre sa belle.
Comme il lui donne un long baiser d'amour.
Et pris tous deux d'une extase suprême.
En célébrant le plus doux des hymens.
Ils n'ont qu'un mot sur les lèvres: « Je t'aime »
Puis ils s'en vont chantant par les chemins:

Refrain

Messagères charmante
Sur l'aile des zéphirs
De l'amant à l'amante.

J'ai vu la guerre au bon vieux temps
Quand nous faisions campagne
La-bas en Allemagne
A peine si j'avais vingt ans.
Et ce petit ruban...
J'ai du le payer de mon sang.
Pour mériter ce signe venere.
Il fallait à la Patrie
trente fois offrir sa vie.
Puis, c'est ainsi qu'on était décoré
Alors un Sénateurs
N'eut pas vendu la croix d'honneur.
Plan, rataplan, rataplan
L'étoile était au plus vaillant.
Quand je vois nos soldats (Refrain) passé joyeux musique en tête
Ah je dis marquant le pas.
Comme jadis la France est prête.
Comme autrefois
Soldats, je revois.
Carnot décrétant la victoire

Marchez à la gloire
Mes-chers enfants
Revenez triomphants;

La Complainte du Soldats

1er Couplet.

Je me suis-t-engagé.
Pour l'amour d'une blonde.
Non pour mon anneau d'or.
Qu'à d'autres elle a donné.
Mais a cause d'un baiser.
Qu'elle m'a refuser

2eme Couplet.

Je me suis t'engagé.
Dans l'régiment de France.
La ou que j'ai logé.
On m'y a conseillé.
De prendre mon congé.
Par dessous mes souliers.

3eme Couplet.

Dans mon chemin faisant.
Je trouv' mon Capitaine,
Mon Capitaine me dit.
Où vas-tu sans soucis ?
Je vais dans ce vallon.
Rejoindre mon Bataillon
  4ème Couplet.
J'suis reconnait aux doigts.
L'anneau d'or de Marie
L'anneau d'or qui liait
Nos deux cœurs pour jamais.
Je n'ai plus rien alors
Puisqu'il a l'anneau d'or.
  5ème Couplet.
Auprès de ce vallon
Coule claire fontaine.
J'ai mis mon habit bas.
Mon sabre au bout d'mon bras.
Et je me suis battu
Comme un vaillant soldat.

6ème Couplet.

Là bas dans les vats près
J'ai tués mon Capitaine.
Mon Capitaine est mort.
Et moi je vis-t-encore
Oui mais dedans trois jour
Ce seras-z-a mon tour.

7ème Couplet.

Celui qui me tuera
Ce sra mon camarade.
Il me bandera les yeux
Avec un mouchoir bleu.
Et me fera mourir
Sans me faire souffrir.

8ème Couplet

Que l'on mette mon cœur
Dans une serviette blanche.
Qu'on l'envoie au pays.
Dans la maison d'ma mie.
Disant : Voici le cœur
De votre serviteur.

9ème Couplet.

~~Sldo~~ Soldats de mon pays
Né dit pas à ma lumière
Mais dites lui plutôt
Que je suis à Bordeau
Avec les Polonais
Qu'elle ne me verra jamais.

Les Commandements du Soldat.

1er A tous les chefs tu obéiras
     Et honoreras parfaitement.
2e   Tous les jours tu travailleras
     Le Dimanche également.
3e   A la Cantine tu iras
     Quand tu auras de l'argent.
4e   Le soir tu te coucheras
     Quand on fera le roulement.
5e   Dans la journée tu astiqueras.
     Ton harnachement.

6°   Pour la corvée tu prendras.
     Un balais vivement
7°   Aux appels tu répondras.
     Aussi bien promptement.
8°   A dix heures tu mangeras.
     La soupe bien chaudement.
9°   Avec fierté tu porteras
     Le numéro de ton régiment
10° Sans murmure tu fera
     Les punitions humblement.
11° La messe tu entendras.
     Quand tu auras le temps
12° Les bonnes d'enfants tu fréquenteras
     Et visiteras le plus souvent
13° Tous les dix jours tu toucheras.
     Un bon tabac également.
14° Tant que tu seras soldat.
     Tu seras esclave tout le temps
15° Jamais tu fréquenteras.
     La femme de commandant

16ᵉ Tout les cinq jours tu coucheras.

17ᵉ Ton prêt également.

18ᵉ Souvent tu mentiras.

Quand tu parleras a ton adjudant.

19ᵉ A ta maitresse, tu ne diras pas

Quand tu auras touché de l'argent

19ᵉ A tes parents tu écriras.

Quelques blagues de temps en temps

20ᵉ Et sur le champ de Bataille.

Tu combatteras glorieusement.

21ᵉ Au bout de tes cinq ans

Tu t'en iras bien content.

22ᵉ Et après tu diras

Je me moque du Gouvernement

Ne touchez pas au Drapeau de la France

Chanson

Depuis que la défaite et플euré de son aile
Les drapeaux glorieux de nos vieux régiments
Allemands qui croyez que la france nouvelle
Ne pourras plus venger l'honneur de ses enfants
Vous n'aurez pas toujours les bois pour nous surprendre
Nos obus portent plus loin que vos boulets
Et le soir des combats vous ne viendrez plus prendre
Ni cueillir nos drapeaux comme un champ de bluets

Refrain

Prussiens marchez au pas le front plein d'insolence
Vos lauriers sont flétris sous vos casques vainqueurs
Vous tremblerez encore devant les trois couleurs
Prussiens ne touchez pas au drapeaux de la France

Couplet

Mes fois nous aurions au seuil de nos frontières
Des fusils fait exprès pour la chasse des loups

ANNEXE

HISTORIQUE SUCCINCT DU 3ᵉ REGIMENT DE CUIRASSIERS

En 1635, Timoléon de Sercourt d'Esclainvilliers a trois ans lorsqu'il hérite de son père une compagnie de chevau-légers.

Sous la Monarchie :

En mai de la même année, le Cardinal de Richelieu décide de réorganiser la cavalerie française. La compagnie d'Esclainvilliers entre dans la composition du régiment de cavalerie de Richelieu « le Cardinal Duc » ; Elle prend une part importante à la bataille de Rocroi. C'est l'époque à partir de laquelle s'illustrera durant onze ans sous le nom « d'Esclainvilliers-Cavalerie » le régiment auquel le 3ᵉCuirassiers se rattache par filiation.
En 1650 il se distingue dans les Flandres. Sous les ordres de Turenne en 1652 il combat les frondeurs à Paris puis en 1654 il est présent à Stenay. En avril 1656, le régiment prend le nom de « Régiment du Commissaire Général ».

Le propriétaire d'Escalinvilliers-Cavalerie rend son âme à Dieu en janvier 1657.
Monsieur de la Carbonnière lui succède ; le régiment sert dans les Flandres jusqu'en 1659. En 1660, « Commissaire Général » est licencié. En 1665, pour la reconquête des Flandres le régiment met sur pied six compagnies. Il est présent au siège de Mestricht en 1673 puis après un séjour en Franche-Comté c'est un retour dans les Flandres.
Il restera dans cette région juqu'en 1742 après avoir participé à de nombreuses batailles.
En 1742, il rejoint l'armée du Rhin à Landau. Il se distingue à Ratisbonne. En 1746, il rejoint l'armée des Alpes. La paix d'Aix-la-Chapelle termine la guerre en 1747. Dans la période qui suit, on trouve le régiment à Charleville, Chaumont , à Lille en 1778 enfin à Bitche en 1800.
En 1762, « Commissaire Général » est envoyé à Saint-Lô avec mission de défendre les côtes françaises.
Le 1er janvier parait « De par le Roi , les vingt quatre Régiments de Cavalerie quittent leurs noms actuels et ne seront plus désignés à l'avenir que par le numéro de création ».
« Commissaire-Général » devient alors 3e Régiment de Cavalerie ».

Sous la Révolution et l'Empire:

En avril 1792, il est envoyé à l'armée du Nord. Le 26 avril, il contribue à arrêter la déroute. Il est à Valmy, Valenciennes. Passe à l'armée de Sambre et Meuse. En 1794, il combat les autrichiens.
En 1798, le régiment est envoyé en Italie. Le 15 août 1799 il est à Novy, bataille malheureuse. Rentré en France, il fait partie de l'armée de réserve.
Le 22 mai 1800, le 3e de cavalerie passe le mont saint-bernard pénètre Crémone en tête des troupes françaises.
Il participe activement à Marengo le 14 juin 1800 où sa tenue au feu lui vaut l'inscription à son étendard : « Marengo, 1800 ».
En 1801, il tient garnison au Piémont à Pignerol . En 1802, il se trouve à Lyon au moment ou le Premier Consul réorganise les régiments de cavalerie. Par un arrêté du Consul du dix frimaire (décembre 1801) , les 2e, 3e et 4e de cavalerie seront Cuirassiers et par arrêté du 1er vendémiaire An XII (octobre 1803), le 3e Régiment de Cavalerie prend

le nom de 3ᵉ Régiment de Cuirassiers.

Réorganisé, le 3ᵉ Régiment de Cuirassiers va prendre une part des plus glorieuses aux campagnes de l'Empire.

En l'an II (1804-1805),c'est d'abord la marche sur Vienne où il rentre le 13 novembre. Le 2 décembre 1805, il prend part à la victoire sur les coalisés, son rôle brillant lui apporte sa deuxième inscription dans la soie de son étendard : « Austerlitz, 1805 ».

En 1807, il entre dans Varsovie. Il intervient à Gersatd le 9 juin 1807, puis c'est la bataille d'Heilsberg et Friedland où il se couvre de gloire le 14 juin. Le 7 septembre 1812 c'est la bataille de la Moskova. Le régiment participe à cette bataille où cent vingt escadrons, au cours d'une charge fantastique, écrasent la garde à cheval russe. Pour son action, son courage, le 3ᵉ Régiment de Cuirassiers inscrit à son étendard « La Moskova, 1812 ».

Le 14 septembre 1812, le 3ᵉ Cuirassiers entre dans Moscou avec l'Avant-garde. Quelques jours plus tard, l'épopée tragique de la Grande Armée commence.

En 1813, réorganisé, le régiment forme avec les 2ᵉ et 6ᵉ Cuirassiers la brigade Berckeim. C'est ainsi que le 1er janvier 1814, les débris des 2ᵉ, 3ᵉ, 6ᵉ, 11ᵉ et 12ᵉ Cuirassiers concourent à composer le 3ᵉ Régiment Provisoire en garnison à Sarrebruck. Celui-ci défend les gués et les passages de la Sarre. Il reste en arrière-garde pendant tout le repli de notre armée jusqu'en France.

Reformé dans la région de Versailles il participe au gardiennage des passages de l'Aube et de la Seine. Le 10 février au contact de l'avant-garde russe il charge avec impétuosité , la met en fuite et fait prisonnier son chef. Cet exploit donnera le droit au régiment d'ajouter à son étendard le nom de cette victoire : « Champaubert, 1814 ».

L'Empereur abdique quelques jours plus tard . Par ordonnance du 12 mai 1814, sous la Restauration, il ajoute à son nom celui de Dauphin et devient « Le Régiment de Cuirassiers du Dauphin ».

Le 20 mars 1815 l'Empereur rentre à Paris et le régiment reprend son numéro et son nom de 3ᵉ Cuirassiers. Avec l'armée du Nord il se trouve à la bataille de Fleurus puis à Waterloo. Le colonel Lacroix commandant le 3ᵉ Cuirassiers tombe mortellement blessé au cours de cette bataille.

Retour à la Monarchie :

Le 25 novembre 1805 le régiment est licencié mais presque aussitôt reformé et prend le nom de « Cuirassiers d'Angoulême n°3 ». Réorganisé à Montauban le 17 février 1816 il est à Nancy à Sedan et le 20 mai 1824 au sacre de Charles X à Reims.

Sous le second Empire :

En 1830 il redevient le « 3e Régiment de Cuirassiers » et de 1830 à 1869 le régiment tient garnison à Lyon et Luneville. Le 3 avril 1862 il participe à la revue de l'Empereur à Paris.

Lors de la déclaration de guerre de 1870, le 3e Cuirassiers est en garnison à Luneville. Le 2 août le régiment se porte à Haguenau, puis Reichshoffen où, lors de la fameuse charge de la cavalerie le régiment perd dès le début de l'action son chef, le colonel Lafunsen de Lacarre. Les débris du régiment se retirent en bon ordre et arrivent le 7 août à Saverne. Après une courte halte, le régiment rejoint le 20 août 1870 l'armée à Châlons-sur-Marne. Après être passé à Floing il se replie sur Sedan avec le reste de la division le 1er septembre.

Le 3 septembre 1870 toute l'armée capitule. Le 3e Régiment de Cuirassiers n'existe plus mais l'étendard est sauvé par une astucieuse cantinière.

En septembre 1870 à partir du dépôt du 3e Cuirassiers il est créé à Limoges le 3e Cuirassiers de Marche qui est détaché à l'armée de la Loire. Il combat dans l'Orléanais. Le 4 mars au soir, le régiment est envoyé sur Paris. Le 1er avril 1871 le Régiment de Marche redevient définitivement « 3e Régiment de Cuirassiers ».

La Grande Guerre 1914- 1918 :

Le 6 août, le 3e Cuirassiers entre en Belgique et prend une part très active aux opérations à Florenville. Retiré des combats, il participe à la course à la mer puis jusqu'en mars 1918 tient les tranchées dans le Nord, la Somme et en Champagne. Les allemands ont épuisé leurs dernières ressources, la situation change.

Le 3e Cuirassiers avec la 4e Division de Cavalerie va alors prendre part à la victoire, en particulier en juillet 1918 à Saint-Pierre-Aigle, puis en août à Montdidier. Il est à Detergheim dans les Flandres lorsque le 11 novembre 1918 sonne l'armistice. Dix jours plus tard, il participe au défilé de la victoire à Bruxelles.

Le 3ᵉ Cuirassiers, pour sa brillante conduite durant ces quatre années de guerre reçoit deux nouvelles inscriptions à son étendard : « Belgique, 1914-1918 » et « Picardie, 1918 ».

La seconde guerre mondiale, 1940 :

Le 16 mai, le 3ᵉ Régiment de Cuirassiers est reconstitué dans la région de Fontevraud-Saumur Il est composé d'un groupe de chars Somua et d'un groupe d'escadrons de chars H 35 et doit entrer dans la composition de la 1ᵉʳᵉ Division de Cuirassiers aux ordres du colonel de Gaulle. Le 27 mai, la Division fait mouvement sur Abbeville où elle résiste à la poussée allemande avant de se replier sur Beauvais. Dans sa retraite elle livre des combats retardateurs à Cormonville et Cheverny. Le 25 juin, les hostilités sont suspendues, l'ordre de cessez-le feu est donné à toutes les unités. Le 31 juillet 1940, le 3ᵉ Cuirassiers est dissous.

L'Algérie 1956- 1964:

Le régiment débarque à Oran le 23 mars 1956, fait mouvement sur Tlemcen puis Sebdou. Il prend une part active aux opérations de maintien de l'ordre, assure la surveillance du barrage sur la frontière Algéro-Marocaine et obtient de brillants résultats dans la pacification. Il participe à de nombreuses opérations dans les régions de Mazer, d'Haifia et étend son action dans les djebels Djerdovaet Tifratine. Le 1ᵉʳ avril 1957, le 3ᵉ Régiment de Cuirassiers est transformé en régiment de reconnaissance type AFN. Il changera encore plusieurs fois de structure et sera affecté en octobre 1942 à la 43ᵉ Brigade de la base de Mers-el-Kebir.

Après voir servi huit années en Algérie, le 3ᵉ Régiment de Cuirassiers embarque pour la France le 4 juin 1964, après avoir rendu une dernière fois les honneurs à ses morts glorieux tombés en terre d'Afrique.

Le 15 juin 1964, le 3ᵉ Régiment de Cuirassiers est dissous au camp de Sissonne.

Dernière reformation :

En 1968, le 3ᵉ régiment de Cuirassiers est recréé à Chènevières. Il est le régiment blindé de la 8ᵉ Brigade Motorisée de Lunéville.
Initialement équipé de chars AMX13, il est doté d'AMX 30 en 1973.
Nouvelle restructuration en 1992 à la suite de la dissolution de certains régiments des FFA. Le 3ᵉ Cuirassiers accueille en son sein le 2ᵉ escadron du 5ème Régiment de Cuirassiers ainsi que l'E.E.D. de la 57ᵉ D.B. . Un nouvel escadron est créé et reçoit des chars AMX30 B.
En 1994, un escadron est mis à la disposition des forces de l'O.N.U. en ex-Yougoslavie, il restera en Croatie le temps de son mandat de quatre mois.
En 1997, le 3ᵉ Cuirassiers compte 7 escadrons dont un EED et quatre escadrons de chars.
En 1997, le régiment détache dans le Sahara Occidental des officiers en tant qu'observateurs de l'O.N.U.
En 1998, le 3ᵉ Régiment de Cuirassiers est définitivement dissous.